CIRCULATION MONÉTAIRE

ET FIDUCIAIRE

EN FRANCE, EN ALGÉRIE

ET

DANS LES COLONIES

MONNAIES ADMISES DANS LA CIRCULATION

EMPLOI DE CES MONNAIES

CIRCULATION DES BILLETS DE LA BANQUE DE FRANCE

PAR

Léon HUMBERT

PARIS

BERGER-LEVRAULT ET Cⁱᵉ, LIBRAIRES-ÉDITEURS

5, Rue des Beaux-Arts, 5

MÊME MAISON A NANCY

1887

CIRCULATION MONÉTAIRE

ET FIDUCIAIRE

EN FRANCE, EN ALGÉRIE

ET DANS LES COLONIES

MONNAIES ADMISES DANS LA CIRCULATION — EMPLOI DE CES MONNAIES

CIRCULATION DES BILLETS DE LA BANQUE DE FRANCE

CONSIDÉRATIONS GÉNÉRALES

Avant 1866 on ne trouvait dans la circulation en France que des monnaies nationales, les monnaies étrangères étaient exclues de toutes les transactions, il était dès lors facile de reconnaître les pièces ayant cours.

La convention monétaire du 12 décembre 1865, renouvelée en 1878 et en 1885 et qui est devenue la base du système monétaire de la France[1], a modifié cet état

---

1. Voir annexes, p. 49 et suivantes.

de choses[1]; à partir de sa promulgation, les caisses publiques ont employé, concurremment avec les monnaies à l'effigie nationale, les monnaies Belges, Italiennes et Suisses, puis les monnaies Grecques.

Le public, mal renseigné sur la situation monétaire créée par la convention, a été amené à penser que toutes les pièces fabriquées dans les mêmes conditions de poids, de titre et de module que les nôtres, devaient nécessairement avoir cours, et il n'a fait aucune difficulté pour accepter, sans distinction de nationalité, celles qui remplissaient ces conditions.

Cette confusion a été et est encore sans inconvénient pour l'or, elle a été également sans inconvénient pour l'argent tant que ce métal a conservé sa valeur normale sur les marchés de l'Europe et qu'il a été possible de transformer à peu de frais en espèces nationales, à l'hôtel des monnaies, les pièces étrangères dont la circulation n'était pas autorisée par la loi. Mais la situation a changé avec la baisse de l'argent ; cette baisse a entraîné la suspension de la frappe des monnaies d'argent en France en même temps que chez nos alliés monétaires, et les pièces étrangères hors cours, que la refonte faisait autrefois disparaître au fur et à mesure de leur importation, sont restées dans la circulation et l'ont envahie petit à petit à la faveur de l'ha-

____

1. Loi du 14 juillet 1866 et décret du 20 du même mois.

bitude prise par le commerce et les particuliers de les utiliser dans leurs transactions. C'est ainsi que l'on a vu se répandre en France les pièces des républiques de l'Amérique du Sud, les pièces Espagnoles, Roumaines, etc., similaires de notre pièce de cinq francs d'argent et de ses subdivisions et qui, pour la plupart, n'ont aujourd'hui que la valeur commerciale du métal ayant servi à les frapper.

Les pertes très sérieuses que ces pièces ont fait subir à ceux qui les avaient reçues, sans se préoccuper de leur valeur réelle, ont certainement commencé à ouvrir les yeux du public sur les inconvénients de sa tolérance en matière de circulation monétaire ; mais, faute d'avoir à sa disposition les indications nécessaires pour distinguer les espèces qu'il peut accepter de celles qu'il doit rejeter, il est toujours exposé à de nouvelles erreurs.

Les proportions dans lesquelles les différents types de monnaies peuvent être employés dans les transactions soulèvent aussi de nombreuses difficultés : toutes les pièces ayant cours n'ont pas la même valeur libératoire, la circulation de chacune d'elles étant réglée par des dispositions spéciales qui ne paraissent pas suffisamment connues.

Cette observation s'applique non seulement aux espèces métalliques, mais aussi aux billets de la Banque de France. On se méprend souvent sur ce qu'il faut entendre par le cours forcé et le cours légal attribués à ces valeurs. Ces expressions s'appliquent à deux ordres d'idées essentiellement distincts.

La première signifie que sous le régime du cours forcé, la Banque de France n'est pas obligée de rembourser ses billets à présentation et la seconde, que ces mêmes billets ont une valeur libératoire égale à celle des espèces d'or et d'argent et que les particuliers, comme les caisses publiques, ne peuvent en aucun cas les refuser. La loi peut donc supprimer le cours forcé, et rétablir le remboursement à vue des billets, comme elle l'a fait en 1875, tout en laissant subsister le cours légal.

Il a semblé que dans ces conditions il y aurait intérêt à faire connaître d'une manière très précise l'ensemble des dispositions applicables à la circulation monétaire et fiduciaire en France, en Algérie et dans les colonies.

Dans les renseignements qui suivent se trouvent réunies à cet effet toutes les indications nécessaires pour reconnaître les monnaies ayant cours, les conditions qu'elles doivent remplir pour être admises dans la circulation et l'emploi que l'on peut faire de chacune d'elles, ainsi que des billets de la Banque de France.

MONNAIES AYANT COURS EN FRANCE

Les monnaies ayant cours en France sont de trois sortes [1] :

Les monnaies nationales, or, argent et bronze ;

Les monnaies d'or et d'argent des quatre États (Belgique, Grèce, Italie et Suisse), signataires avec la France de la convention monétaire des 6 novembre et 12 décembre 1885, ces monnaies sont dites « monnaies de l'Union latine [2] » ;

Enfin quelques monnaies d'or provenant d'États étrangers à l'Union latine et dont la circulation a été autorisée à la suite d'ententes particulières avec ces États.

Monnaies nationales.

Les monnaies nationales se composent [3] :

Pour l'or, de pièces de 100 fr., 50 fr., 40 fr. [4], 20 fr., 10 fr. et 5 fr.

Les pièces de 100 fr. ont été frappées à partir de

---

1. Voir annexes, p. 58 et suiv. Tableau synoptique des monnaies ayant cours en France.

2. Convention monétaire de 1885, art. 2, 3 et 4. (Voir annexes, p. 49.)

3. Voir annexes, p. 57. Relevé des monnaies fabriquées jusqu'en 1885.

4. Les pièces de 40 fr., frappées en vertu de la loi du 7 germinal an XI, ont été conservées dans la circulation, mais cette coupure n'a pas été maintenue dans les conventions monétaires qui se sont succédé depuis 1865 au nombre de celles qui peuvent être encore frappées.

1855, elles portent l'effigie de L. N. Bonaparte et de Napoléon III ; quelques-unes seulement, frappées après 1870, portent pour effigie le génie de la République ;

Les pièces de 50 fr., également frappées à partir de 1855, portent toutes l'effigie de L. N. Bonaparte et de Napoléon III.

La fabrication des pièces de 40 fr. a commencé en 1803 (an XII), elle a cessé en 1839 ; ces pièces sont frappées aux effigies de Bonaparte, Napoléon Ier, Louis XVIII, Charles X et Louis Philippe.

Les premières émissions de pièces de 20 fr. remontent aussi à 1803 ; ces pièces ont successivement porté les effigies de Bonaparte, Napoléon Ier, Louis XVIII, Charles X, Louis Philippe, République 1848-1849 (Génie), République 1849-1851 (tête de déesse), L. N. Bonaparte, Napoléon III et enfin République 1870 à ce jour (Génie).

Les pièces de 10 fr. et de 5 fr. sont toutes frappées à l'effigie de Napoléon III et portent les millésimes 1856 à 1869.

Les pièces de ces deux coupures appartenant à des fabrications antérieures (1850 à 1855 pour les pièces de 10 fr. et 1854 à 1855 pour les pièces de 5 fr.) ont été retirées de la circulation par décrets des 7 avril 1855 et 19 février 1859, elles se distinguent de celles dont le cours a été maintenu par les modules qui sont de moindres dimensions. Les pièces conservées dans

la circulation sont fabriquées aux diamètres de 0^m,019
et 0^m,017, tandis que les anciennes n'avaient que 0^m,017
et 0^m,014 de diamètre.

Le monnayage des pièces d'or de 10 fr. n'a pas été
repris depuis 1869 ; celui des pièces de 5 fr. se trouve
dans le même cas et la convention monétaire de 1885,
rappelant les dispositions de celle de 1878 à leur égard[1],
en a suspendu la frappe dans les pays de l'Union latine.
Le Trésor, de son côté, sans en opérer le retrait d'une
manière définitive, ne remet plus depuis quelque temps
en circulation celles qui rentrent dans ses caisses.

La pièce d'or de 5 fr. n'est d'ailleurs guère employée
dans les transactions courantes, en raison du peu de dimension de son module, en outre elle se déforme très
facilement et le frai lui fait perdre en peu de temps une
quantité très appréciable de son poids.

Pour l'argent, de pièces de 5 fr., 2 fr., 1 fr., 50 cent.
et 20 cent.

L'émission des pièces de 5 fr. d'argent a commencé
à partir de l'an IV (1796)[2]. Ces pièces sont frappées aux
types de la première République (Hercule unissant l'É-

---

1. Convention monétaire du 6 novembre 1885. art. 8. (Voir annexes,
p. 52.)

2. Loi du 28 thermidor an III (15 août 1795), Titre 2 : « Art. 3. Il
« sera frappé des pièces d'un, de deux et de cinq francs. — Art. 4.
« La pièce de 5 fr. sera à la taille de 25 grammes. — Art. 6. Les
« pièces d'argent auront pour type la figure d'Hercule unissant l'Égalité
« et la Liberté avec la légende *Union et Force.* »

galité et la Liberté), de Bonaparte, de Napoléon Ier, de Louis XVIII, de Charles X, de Louis Philippe, de la seconde République 1848-1849 (Hercule), 1849-1851 (tête de déesse), de L. N. Bonaparte, de Napoléon III, de la troisième République 1870-1871 (tête de déesse), 1871 à 1878 (Hercule).

La fabrication des pièces de 5 fr. est suspendue depuis 1878. Jusqu'en 1874 cette fabrication est restée libre : les particuliers avaient la faculté de verser sans limite aux hôtels des monnaies de l'argent fin pour le convertir en pièces de 5 fr. Mais à partir de cette époque, cette faculté a d'abord été limitée, à la suite d'un accord intervenu entre les États signataires de la convention de 1865, par une série de dispositions successives, à un chiffre annuel qui ne pouvait être dépassé, puis elle a été provisoirement suspendue à partir de 1878[1].

Cette mesure a été motivée par la dépréciation de plus en plus grande du métal argent. Cette dépréciation avait, en effet, pour résultat d'attirer à peu près tout le métal disponible vers les hôtels des monnaies, où sa transformation en pièces de 5 fr. procurait des bénéfices d'autant plus considérables que l'écart entre

---

1. Toutefois, le Gouvernement Italien, par une disposition spéciale, a été exceptionnellement autorisé à faire encore frapper, en 1879, pour vingt millions de pièces de 5 fr. d'argent. (Déclaration relative à la fabrication de la monnaie d'argent pendant l'année 1879, faisant suite à la Convention monétaire du 5 novembre 1878.) Convention monétaire de 1885, art. 8. (Voir annexes, p. 52)

le prix commercial de l'argent et sa valeur monétaire augmentait sans cesse[1].

Dans ces conditions le maintien de la liberté de frappe menaçait de jeter dans la circulation des quantités de pièces de 5 fr. tout à fait hors de proportion avec les besoins.

Les pièces de 2 fr., 1 fr., 50 cent. et 20 cent., dites divisionnaires ou d'appoint, ont été frappées, savoir :

Les pièces de 2 fr. et 1 fr., à partir de 1866 à l'effigie de Napoléon III et à l'effigie de la République (tête de déesse), les pièces de 50 cent., à partir de 1864 aux mêmes effigies, et les pièces de 20 cent., de 1864 à 1869, à l'effigie de Napoléon III. Ces dernières pièces sont peu utilisées dans la circulation d'où elles finiront par disparaître entièrement. Il n'en a d'ailleurs été frappé qu'une quantité très restreinte, pour 2 millions et demi de francs environ (2,504,728 fr. 60 c.).

Toutes les pièces d'appoint portant des millésimes antérieurs et qui étaient frappées à l'ancien titre de $\frac{900}{1000}$ de fin ont été démonétisées et ont cessé d'avoir cours à partir du 1er janvier 1869[2].

Pour le bronze, de pièces de 10 cent., 5 cent., 2 cent. et 1 cent.

---

1. Voir annexes, p. 60.

2. Loi du 14 juillet 1866, art. 3. « Les pièces de 2 fr. et de 1 fr.,
« aujourd'hui en circulation, ainsi que les pièces de 50 cent. et de 20 cent.
« fabriquées dans des conditions différentes de celles qui sont indiquées

La première frappe des monnaies de bronze actuellement en cours date de 1852, époque à laquelle ont été refondues toutes les pièces de bronze et de billon des anciens régimes [1].

Ces monnaies ne présentent que trois types : Napoléon III (1852 à 1857), Napoléon III (tête laurée 1861 à 1870) et République à partir de 1870 (tête de déesse).

Monnaies étrangères. Union latine.

Monnaies Belges.

Les monnaies Belges comprennent [2] :

Pour l'or, des pièces de 20 fr. seulement aux effigies de Léopold Ier et Léopold II.

Cet État n'a pas frappé jusqu'à présent de pièces d'or de 100 fr., de 50 fr. et de 5 fr.

Les pièces de 10 fr. émises antérieurement à la Convention de 1865 ont été démonétisées.

. *Pour l'argent*, des pièces de 5 fr., 2 fr., 1 fr. et 50 cent.

Les pièces de 5 fr. frappées de 1832 à 1877 portent les effigies de Léopold Ier et de Léopold II.

Les pièces de 2 fr., 1 fr. et 50 cent. ont été frappées

« en l'article 1er de la présente loi (c'est-à-dire qui ne sont pas frappées
« au nouveau titre de $\frac{835}{1000}$ de fin), seront retirées de la circulation avant
« le 1er janvier 1869 »

1. Loi du 6 mai 1852. (Voir annexes, p. 62.)

2. Voir annexe, p. 57. Relevé des monnaies fabriquées jusqu'en 1885.

à partir de 1866, elles portent les mêmes effigies que les pièces de 5 fr., à l'exception des pièces de 2 fr. et 1 fr. de fabrication récente, qui portent à la fois les deux effigies de Léopold Ier et de Léopold II.

La Belgique n'a pas de pièces de 20 cent. d'argent ; cette coupure est représentée dans sa circulation par des pièces de même valeur nominale en nickel qui n'ont pas cours en France.

Monnaies Grecques.

La Grèce, qui fait partie de l'Union latine depuis 1869, avait adopté, dès 1867, notre système monétaire et les fabrications d'après ce système ont commencé l'année suivante. Les pièces frappées à partir de 1868 ont par conséquent cours en France, à l'exclusion de celles fabriquées antérieurement; elles sont toutes à l'effigie de Georges Ier.

La Grèce, jusqu'à présent, n'a guère fait frapper *en or* que des pièces de 20 drachmes, correspondant à notre pièce de 20 fr. Ses émissions de pièces de 100, 50, 10 et 5 drachmes sont sans importance. *En argent* elle a émis : des pièces de 5 drachmes correspondant à notre pièce de 5 fr., des pièces de 2 drachmes et 1 drachme, de 50 et 20 lepta, correspondant à nos pièces de 2 fr., 1 fr., 50 cent., et 20 cent.[1]

---

1. Voir annexes, page 57. Relevé des monnaies fabriquées jusqu'en 1885.

Monnaies Italiennes.

Les monnaies italiennes comprennent, savoir [1] :

Pour l'or, les pièces de 100, 50, 10 et 5 lires du royaume d'Italie aux types de Victor-Emmanuel II et Humbert Ier.

A ces pièces il faut ajouter celles de 40 et 20 lires à l'effigie de Napoléon Ier (royaume d'Italie) [2] et celles de 20 lires du royaume de Sardaigne aux effigies de Victor-Emmanuel Ier, Charles-Félix, Charles-Albert et Victor-Emmanuel II.

Pour l'argent, les pièces de 5, 2 et 1 lire, de 50 et 20 cent.

Les pièces de 5 lires comprennent celles du premier royaume d'Italie à l'effigie de Napoléon Ier [2], celles du nouveau royaume d'Italie aux effigies de Victor-Emmanuel II et Humbert Ier, et celles de l'ancien royaume de Sardaigne aux mêmes effigies que les pièces d'or de cet État.

Les pièces divisionnaires de 2 lires et 1 lire, de 50 et 20 cent. portent les millésimes de 1863 et années

---

1. Voir annexes, p. 57. Relevé des monnaies fabriquées jusqu'en 1885.

2. Décret du 24 janvier 1809. — « Art. 1er. Les monnaies d'or et « d'argent fabriquées dans les hôtels des monnaies de notre royaume « d'Italie avec le titre et le poids prescrits par notre décret du 30 mars « 1806 auront cours pour leur valeur nominale en France. » — Décret du 30 mars 1806. — « Art. 2..... Le système monétaire de notre Empire « ..... seront lois fondamentales de notre royaume d'Italie. »

postérieures, elles sont, sans exception, frappées aux effigies de Victor-Emmanuel II et Humbert Iᵉʳ. Toutes les
pièces fabriquées antérieurement à 1863 au titre de $\frac{900}{1000}$
de fin, ont cessé d'avoir cours.

L'Italie, sans démonétiser en principe la coupure de
20 cent., ne remet plus en circulation les pièces de cette
coupure qui rentrent dans ses caisses; elle les fait re-
fondre et transformer en pièces de 2 fr., d'un usage
plus courant.

Monnaies Suisses.

La Suisse n'a fait frapper jusqu'à présent qu'une très
petite quantité de monnaies d'or, exclusivement représentées par des pièces de 20 fr.; elle prépare actuellement une nouvelle émission de cette coupure.

Les monnaies *d'argent* de ce pays sont représentées
par les pièces de 5 fr., 2 fr., 1 fr. et 50 cent.

Les premières fabrications de pièces de 5 fr. à l'effigie de la Suisse portent le millésime de 1852.

Les pièces divisionnaires en circulation ont été fabriquées à partir de 1866; elles se distinguent de
celles frappées antérieurement, et qui sont démonétisées, par l'Helvétie représentée sur la face des nouvelles pièces par une femme debout, qui était assise sur
les anciennes.

Les pièces de 5 fr. seules ont conservé le type de la
femme assise.

Il n'existe pas de pièces de 20 cent. Suisses en argent ; elles sont remplacées par des monnaies de nickel de même valeur nominale qui n'ont pas cours en France[1].

Monnaies d'or provenant d'États étrangers à l'Union latine.

Ces monnaies comprennent :

1° Les pièces d'or Austro-Hongroises, à l'effigie de François-Joseph Ier, de 8 et 4 florins avec l'indication correspondante en francs, 20 fr. et 10 fr. Ces pièces sont admises dans la circulation depuis 1874, par suite d'une entente avec l'Autriche[2].

2° Les pièces d'or de 100 fr. et de 20 fr. de la principauté de Monaco à l'effigie du Prince de Monaco[3].

---

1. Voir annexes, p. 57. Relevé des monnaies fabriquées jusqu'en 1885.

2. Avis inséré au *Journal officiel* du 14 juin 1874. « Par suite d'une « entente établie dans le courant de l'année dernière entre les gouverne- « ments Français et Autrichien, les pièces d'or Austro-Hongroises de 4 et « de 8 florins sont admises dans les caisses publiques de France pour « la valeur des pièces françaises de 10 fr. et 20 fr. frappées dans des « conditions de fabrication identiques.

« Réciproquement, les monnaies d'or françaises de 10 fr. et 20 fr. « sont reçues dans les caisses publiques d'Autriche et de Hongrie. »

3. Avis inséré au *Journal officiel* du 6 septembre 1878. « Par suite « d'une entente établie entre le gouvernement Français et la principauté « de Monaco, les pièces d'or de 100 fr. et de 20 fr. frappées à l'effigie « de Son Altesse le prince de Monaco dans les mêmes conditions de fa- « brication que nos pièces nationales des mêmes types, seront désormais « admises dans les caisses publiques en France pour une valeur égale à « celle de nos pièces de 100 fr. et de 20 fr. »

Monnaies d'or et d'argent hors cours[1].

Toutes les monnaies, sans exception, qui ne sont pas comprises dans la nomenclature ci-dessus et qui, par conséquent, n'ont pas cours, subissent en France une dépréciation plus ou moins considérable, suivant qu'il s'agit de monnaies d'or ou de monnaies d'argent et suivant les pays d'origine. Les particuliers qui détiennent ces monnaies ne peuvent en effet s'en défaire qu'en s'adressant à des banquiers qui les reprennent au cours du change, c'est-à-dire pour la valeur réelle qu'elles représentent en monnaies nationales au jour où elles sont présentées à l'échange.

Aujourd'hui la perte sur les espèces d'or est très minime; elle est en général la représentation de la commission que prélèvent les intermédiaires pour les échanger contre des monnaies ayant cours. Mais la dépréciation sur les espèces d'argent est très considérable. Les pièces des États de l'Amérique du Sud, similaires de notre pièce de 5 fr., par exemple, ont perdu jusqu'à 30 p. 100 de leur valeur comparée à celle des monnaies nationales fabriquées dans les mêmes conditions. Les pièces Espagnoles perdent au change 4, 5 et même parfois 6 p. 100, et les pièces Roumaines que l'on commence à rencontrer

---

1. Pour les monnaies d'argent, voir le tableau synoptique des monnaies admises dans la circulation, col. observations; annexes, page 59.

en assez grande quantité dans la circulation ne sont guère moins dépréciées que les pièces Américaines.

Cet aperçu suffit pour montrer les inconvénients d'accepter avec trop de facilité toutes les monnaies, sans s'inquiéter de savoir si elles ont cours ou non et s'il sera possible de s'en défaire au prix pour lequel elles ont été reçues.

Monnaies de billon, de cuivre et de nickel étrangères.

La convention monétaire de 1885, comme les précédentes, n'a rien modifié à la législation relative aux monnaies étrangères de billon et de cuivre. L'importation de ces monnaies en France et leur admission dans le caisses publiques sont interdites. (Décret du 11 mai 1807 et Loi de douane du 22 juin 1846[1].)

Quant aux monnaies de nickel, elles n'ont fait jusqu'à présent l'objet d'aucune disposition spéciale ; elles doivent néanmoins être traitées comme les monnaies de cuivre et de billon, et être rejetées de la circulation.

---

1. Décret du 11 mai 1807. — « Art. 1er. L'introduction des monnaies « de cuivre et de billon de fabrique étrangère est prohibée sous les pei- « nes portées par les lois concernant les marchandises prohibées à l'en- « trée du territoire de l'Empire.

« Art. 2. Elles ne pourront être admises dans les caisses publiques « en paiement de tous droits et contributions, de quelque nature qu'ils « soient, payables en numéraire. »

Loi du 22 juin 1846, Art. 1er, § 2. — « Les monnaies de bronze « étrangères sont prohibées à l'entrée. »

DES CONDITIONS A REMPLIR
PAR LES MONNAIES
POUR ÊTRE ADMISES DANS LA CIRCULATION

Les monnaies admises dans la circulation doivent être fabriquées suivant certaines conditions de titre, de poids et de diamètre déterminées, pour les monnaies d'or et d'argent, par la convention monétaire de 1885 dans les articles 2, 3 et 4, et, pour les monnaies de bronze, par la loi du 6 mai 1852[1].

Ces conditions sont les suivantes :

	COUPURES.	TITRE		POIDS.		DIAMÈTRE.
		TITRE DROIT.	TOLÉRANCE du titre tant en dehors qu'en dedans.	POIDS DROIT.	TOLÉRANCE du poids tant en dehors qu'en dedans.	
	Francs.	Millièmes.	Millièmes.	Grammes.	Millièmes.	Millimètres.
Or. Art. 2 de la convention.	100	900	1	32.258 06	1	35
	50			16.129 03		28
	20			6.151 61	2	21
	10			3.225 80		19
	5			1.612 90	3	17
Argent. Art. 3 et 4 de la convention.	5	900	2	25 »	3	37
	2			10 »	5	27
	1	835	3	5 »		23
	0.50			2.50	7	18
	0.20			1 »	10	16

1. Voir annexes pour les conditions de fabrication du bronze, p. 62.

Il n'existe aucune disposition concernant les pièces nationales dont le poids aurait été réduit *par le frai* au-dessous des tolérances qui viennent d'être indiquées. Mais, comme la distinction entre ces pièces et celles ayant exactement le poids réglementaire serait difficile à établir dans la pratique et que les caisses de l'État, qui n'ont jamais fait cette distinction, reçoivent sans difficulté toutes les pièces pourvu qu'elles ne soient *pas déformées ou frauduleusement altérées*, les particuliers, de leur côté, n'ont aucune raison pour agir différemment que les comptables du Trésor.

Pour les monnaies Belges, Grecques, Italiennes et Suisses, au contraire, la convention de 1885 a prévu le cas où le poids de ces monnaies aurait été réduit *par le frai* au-dessous des tolérances légales ; elle exclut de la circulation les pièces d'or dont le poids aurait été diminué de 1/2 p. 100 au-dessous de ces tolérances, elle exclut également celles dont les empreintes ne seraient plus visibles [1] ; elle dispose, en ce qui concerne les pièces de 5 fr. d'argent, que les États dont ces pièces portent l'effigie les reprendront dès que le frai leur aura fait perdre 1 p. 100 au-dessous de la tolérance légale, à la condition cependant que les empreintes seront toujours visibles et qu'elles n'auront pas subi d'altérations frauduleuses [2] ; les pièces d'appoint seront, de leur côté,

---

1. Convention du 6 novembre 1885, art. 2. (Voir annexes, p. 49.)
2. Même convention, art. 3. (Voir annexes, p. 50.)

reprises dès qu'elles perdront 5 p. 100 au-dessous des tolérances légales et que les empreintes auront disparu[1].

En fait, on n'a pas à se préoccuper de la diminution de poids pour les espèces d'argent, pourvu qu'elle ne soit pas due à une déformation ou à une altération frauduleuse; les pertes de métal occasionnées par le frai ne peuvent guère, en effet, dépasser les limites fixées très largement par la convention et, dans tous les cas, l'échange des pièces légères contre des pièces répondant aux conditions légales est toujours assuré.

Des pièces fausses ou altérées.

Les pièces fausses remises aux comptables de l'État ne sont rendues à ceux qui les ont présentées, qu'après avoir été cisaillées. L'arrêté ministériel du 1er juin 1818 qui consacre cette mesure vise un édit de février 1726, défendant à « tous payeurs ou receveurs de recevoir « ou faire entrer dans aucun paiement des espèces qui « leur paraîtraient suspectes de fausse fabrication, à « peine de supporter la perte qui se trouvera sur lesdites « espèces, lesquelles seront cisaillées, portées aux hôtels « des monnaies, et la valeur à eux rendue seulement « comme matière; et dans le cas où il serait prouvé que « lesdits receveurs ou payeurs auraient reçu ou distribué

---

1. Convention monétaire du 6 novembre 1885, art. 4. (Voir annexes, p. 51.)

« sciemment lesdites espèces de fausse fabrication, vou-
« lons qu'ils soient punis comme faux monnayeurs. »

Cette disposition ne doit pas s'appliquer seulement aux pièces fabriquées avec un métal choisi de façon à faire supposer qu'elles sont de bon aloi ; sont considérées comme fausses et traitées comme telles, toutes les pièces qui ne remplissent pas les conditions légales de titre et de poids, sauf celles qui peuvent avoir été usées par le frai, par exemple, les pièces lavées par les acides et les pièces dites fourrées. Il est juste que l'État qui garantit le titre et le poids des monnaies, en se réservant le monopole de leur fabrication et en y apposant son effigie, puisse faire détruire toutes les imitations ou les falsifications de ces monnaies lorsqu'elles viennent à être constatées par ses agents.

Les textes sont muets à l'égard des pièces fausses comprises dans les paiements de particuliers à particuliers ; mais le public est au moins aussi intéressé que l'État à ce qu'il n'existe dans la circulation que des espèces de bon aloi ; aussi tous les détenteurs de pièces fausses doivent-ils les détruire ou se prêter sans difficulté à leur destruction.

Les altérations de monnaies ne sont pas toujours dues à des manœuvres frauduleuses, il arrive fréquemment que des pièces sont accidentellement déformées ou qu'on leur a fait subir des détériorations qui, bien que volontaires, n'ont pas la fraude pour objet. Il suffit que des pièces de monnaie aient subi une détérioration quelconque susceptible d'en altérer les empreintes, quelle que soit d'ailleurs la cause de la détérioration, pour qu'elles ne soient plus admises dans la circulation ; celles qui se trouvent dans ce cas ont en fait perdu leur caractère monétaire ; les caisses publiques les refusent purement et simplement quand bien même elles auraient encore le poids légal ; quant aux particuliers, ils ne sont pas tenus de les accepter, il y a même intérêt à ce qu'ils les refusent comme les caisses publiques, c'est le seul moyen d'éviter la difformation des monnaies, aujourd'hui qu'on a laissé tomber en désuétude les pénalités applicables à ce genre de délit.

EMPLOI DES MONNAIES ADMISES
DANS LA CIRCULATION

———

Toutès les monnaies admises dans la circulation n'ont pas la même valeur libératoire, il faut distinguer les monnaies nationales des autres monnaies de l'Union latine (monnaies Belges, Grecques, Italiennes et Suisses), et des monnaies d'or Austro-Hongroises et Monégasques auxquelles des arrangements diplomatiques ont donné cours en France.

Les premières seules ont cours légal, c'est-à-dire que leur acceptation est obligatoire dans tous les cas pour les caisses publiques comme pour les particuliers, tandis que l'acceptation des secondes est obligatoire pour les caisses publiques seulement et facultative pour les particuliers [1]. Dans la pratique il n'est tenu aucun compte de cette distinction, toutes les monnaies ayant cours en France sont admises sur le même pied dans les transactions et il ne saurait en être autrement. Les particuliers, en effet, n'ont aucune raison de refuser les monnaies Belges, Grecques, Italiennes, Suisses, Austro-Hongroises et Monégasques, puisqu'ils sont toujours

————

[1]. La convention du 6 novembre 1885 n'engage que les caisses publiques. (Voir annexes, convention monétaire, art. 2, 3 et 6, p. 49 et suiv.)

assurés d'en trouver le placement, soit dans les caisses de l'État, soit dans celles de la Banque de France qui a pris l'engagement, lors de la signature de la convention de 1885, de recevoir notamment les pièces de 5 fr. d'argent des États de l'Union latine[1].

Les monnaies nationales qui jouissent du cours légal n'ont pas toutes une valeur libératoire égale. Les pièces d'or de toutes coupures et les pièces d'argent de 5 fr. peuvent seules être employées dans les paiements sans limitation de quantité, tandis que les autres monnaies d'argent, dites divisionnaires, et les pièces de bronze sont soumises aux restrictions suivantes :

Entre particuliers, les pièces divisionnaires d'argent de 2 fr., 1 fr., 50 cent. et 20 cent., ne peuvent entrer dans chaque paiement[2] pour une valeur supérieure à 50 fr., à moins que le créancier qui reçoit le paiement ne consente à en accepter pour une somme plus élevée[3].

Les caisses publiques, de leur côté, sont tenues de recevoir toutes les pièces d'appoint nationales qui leur sont versées, mais elles ne peuvent les faire entrer

1. Convention du 6 novembre 1885, art. 3. (Voir annexes, p. 50.)

2. Par paiement on entend ici le montant total des sommes versées en une seule fois par un débiteur à son créancier et s'il arrivait qu'un paiement ait pour objet la libération de plusieurs dettes à la fois, le débiteur ne pourrait comprendre pour plus de cinquante francs de monnaie d'appoint dans son paiement.

3. Convention de 1885, art. 5. (Voir annexes, p. 51.)

pour plus de 50 fr. dans les paiements qu'elles effec-
tuent[1].

Les pièces divisionnaires pouvaient, lorsqu'elles
étaient frappées au titre de $\frac{900}{1000}$, entrer dans les paiements entre particuliers sans limitation de quantité,
comme les pièces de 5 fr. d'argent. Mais les lois des 25
mai 1864 et 14 juillet 1866 ont changé leur caractère
monétaire en disposant qu'elles seraient désormais fabriquées au titre de $\frac{835}{1000}$. Par suite de cet abaissement de titre
les pièces divisionnaires d'argent sont devenues en quel-
que sorte des monnaies fiduciaires, c'est-à-dire des monnaies dont la valeur nominale est supérieure à la valeur
intrinsèque du métal ayant servi à les frapper, calculée
au tarif monétaire de l'argent[2].

Quant aux monnaies de bronze, d'après l'usage géné-
ralement adopté, il en est fait emploi comme appoint
de la pièce de 1 fr., elles sont cependant légalement
admises comme appoint de la pièce de 5 fr.[3], c'est-à-
dire que l'on peut donner des monnaies de bronze dans
un paiement jusqu'à concurrence de 4 fr. 99 c. A

---

1. Convention de 1885, art. 5. (Voir annexes, p. 52.)

2. Voir annexes, p. 60. Valeur monétaire et valeur commerciale de
l'argent.

3. Loi du 6 mai 1852, art. 6. — « L'article 2 du décret du 18 avril
« 1810 est applicable à la nouvelle monnaie de bronze. » — Cet article 2 est
ainsi conçu : « La monnaie de cuivre et de billon de fabrication fran-
« çaise ne pourra être employée dans les paiements, si ce n'est de gré à
« gré, que pour l'appoint de la pièce de 5 fr. »

l'égard de ces monnaies, les caisses publiques et les particuliers sont soumis aux mêmes obligations.

L'emploi des monnaies étrangères appartenant aux États de l'Union latine étant facultatif dans les rapports entre particuliers, il n'existe de règle sur la proportion dans laquelle elles peuvent être utilisées qu'en ce qui concerne les rapports du public avec des caisses de l'État; comme il est dit plus haut, ces caisses sont tenues d'accepter ces monnaies, avec cette restriction cependant, qu'elles ont la faculté, lorsqu'il s'agit de pièces d'appoint, de ne pas recevoir dans chaque paiement pour plus de 100 fr. de ces pièces[1].

Il convient de rappeler ici que chacun des États signataires de la convention monétaire de 1885 s'est engagé à reprendre en tout temps des particuliers, en échange de pièces d'or ou de pièces de 5 fr. d'argent, les monnaies d'appoint à son effigie, pourvu que la somme présentée à l'échange ne soit pas inférieure à 100 fr. La possession de ces monnaies n'offre par conséquent aucun danger pour le public[2].

De la passe de sacs.

D'après un usage consacré par le décret du 1er juillet 1809, le débiteur fournit, dans les paiements qu'il effectue,

---

1. Convention monétaire du 6 novembre 1885, art. 6. (Voir annexes, p. 52.)

2. Même convention, art. 7. (Voir annexes, p. 52.)

les sacs destinés à contenir les espèces d'argent au moyen desquelles il s'acquitte vis-à-vis de son créancier et ce dernier est tenu de lui rembourser la valeur de ses sacs [1].

Le montant de ce remboursement qui a pris le nom de *Passe de sacs,* primitivement fixé à 15 cent. par sac, a été réduit à 10 cent. par le décret du 17 novembre 1852.

Les sacs que le débiteur est obligé de fournir conformément au décret de 1809, doivent pouvoir contenir 1,000 fr. chacun. Il est par conséquent compté autant de passes de sacs qu'il y a de fois mille francs dans un paiement plus une, s'il existe un appoint atteignant le chiffre de cinq cents francs, minimum au-dessous duquel les espèces sont données à découvert.

---

1. Décret du 1ᵉʳ juillet 1809. — « Art. 1ᵉʳ. Le prélèvement qui sera « fait par le débiteur sous le nom de *passe de sacs* en remboursement de « l'avance faite par lui des sacs contenant les espèces qu'il donne en « paiement ne pourra avoir lieu, à compter de la publication du présent « décret, que dans les cas et au taux exprimés dans les articles suivants.

« Art. 2. Dans les paiements en pièces d'argent de sommes de « cinq cents francs et au-dessus, le débiteur est tenu de fournir le sac « et la ficelle. Les sacs seront d'une dimension à contenir au moins « mille francs chaque ; ils seront en bon état et faits avec la toile propre « à cet usage.

« Art. 3. La valeur des sacs sera payée par celui qui reçoit, ou la « retenue en sera exercée par celui qui paie, sur le pied de 0,15 par sac « (réduit à 0,10 par le décret du 17 novembre 1852).

« Art. 5. Le mode de paiement en sacs et au poids ne prive pas « celui qui reçoit, de la faculté d'ouvrir les sacs, de vérifier et de compter « les espèces en présence du payeur. »

Le créancier ne peut sous aucun prétexte se soustraire au paiement de la passe de sacs et fournir lui-même les toiles destinées à contenir les sommes qu'il a à recevoir, si ce n'est du consentement du débiteur.

En résumé, dans les paiements opérés en monnaies d'argent, les sacs constituent une sorte de valeur à cours forcé qui se passe de main en main. Maintenant que les paiements d'une certaine importance se font presque exclusivement en billets de la Banque de France, la question de la passe de sacs a bien perdu de son actualité, son application cependant soulève encore parfois des difficultés qui donnent une certaine opportunité aux renseignements qui précèdent.

Aucune disposition ne prévoit la passe de sacs pour les paiements effectués en monnaies d'or. Il est d'usage cependant que le créancier qui reçoit un paiement en pièces d'or acquitte le prix des sacs sur le pied de dix centimes par sac.

BILLETS DE LA BANQUE DE FRANCE

—

La place de plus en plus grande que prennent les billets de la Banque de France dans les transactions, ne permet pas de passer sous silence les conditions dans lesquelles ces valeurs peuvent être employées[1].

Depuis 1870, les billets de la Banque de France ont cours légal et doivent par conséquent être acceptés comme les espèces d'or et d'argent. Ce cours légal, établi par la loi du 12 août 1870[2], est toujours en vigueur, seulement la Banque, qui avait été dispensée par la même loi de l'obligation de rembourser ses billets à bureau ouvert, a été obligée d'en reprendre l'échange contre du numéraire à partir du 1er janvier 1878[3].

---

1. Les dernières enquêtes faites sur la situation monétaire de la France montrent que les billets de la Banque constituent à eux seuls les deux tiers de la circulation, tandis que les espèces métalliques n'en représentent que le tiers.

2. Loi du 12 août 1870. — « Art. 1er. A partir du jour de la promul- « gation de la présente loi, les billets de la Banque de France seront « reçus comme monnaie légale par les caisses publiques et les particu- « liers.

« Art. 2. Jusqu'à nouvel ordre la Banque est dispensée de l'obligation « de rembourser ses billets avec des espèces. »

3. Loi du 3 août 1875, art. 28. — « Lorsque les avances faites à « l'État par la Banque de France en vertu des lois des 20 juin 1871 et « 5 août 1874 auront été réduites à trois cent millions de francs, l'ar-

En fait, dans les conditions actuelles, les billets de la Banque de France et les espèces monnayées ont la même valeur libératoire; tout débiteur peut donc valablement se libérer envers son créancier avec des billets quand bien même le contrat en vertu duquel le paiement est effectué porterait la condition expresse de libération en espèces métalliques[1].

Il n'existe dans la circulation courante que quatre coupures de billets : les billets de 1,000 fr., les billets de 500 fr., les billets de 100 fr. et les billets de 50 fr.

La Banque a bien fait fabriquer quelques coupures de 5,000 fr., mais elles ne sont pas employées; elle a émis aussi en 1870 et 1871 des coupures de 25 fr., 20 fr. et 5 fr. retirées depuis de la circulation où elles ne se rencontrent plus que très rarement.

Les billets de la Banque de France doivent, comme les monnaies, pour être admis dans les paiements,

---

« ticle 2 de la loi du 12 août 1870 sera et demeurera abrogé et les bil-
« lets de la Banque de France seront remboursables en espèces à pré-
« sentation. »

Cette condition a été remplie le 31 décembre 1877, mais la Banque de France avait repris bien avant cette date le remboursement de ses billets en espèces.

Un décret du Gouvernement provisoire portant la date du 15 mars 1848 avait déjà, une première fois, attribué le cours légal aux billets de la Banque de France ; mais cette disposition a été abrogée par la loi du 6 août 1850.

1.Voir annexes, p. 63.

n'avoir subi aucune détérioration, il est essentiel qu'ils soient entiers et que les dessins soient intacts. Tout particulier a le droit de refuser un billet dont quelques parties auraient été enlevées; les détenteurs de ces billets n'ont d'autre ressource pour s'en défaire que de les présenter aux guichets de la Banque qui, en général, les rembourse à bureau ouvert, mais qui cependant peut, dans certains cas, lorsqu'il existe des lacunes trop considérables dans les vignettes, soumettre les intéressés à toutes les formalités qu'elle juge nécessaires pour se garantir contre les fraudes.

Les billets de la Banque de France ont fait comme les monnaies l'objet de nombreuses imitations; bien que les dernières aient atteint un certain degré de perfection, il est cependant encore facile de les constater, surtout si on les rapproche des billets authentiques. On reconnaît les imitations au papier qui a servi à les fabriquer et qui diffère sensiblement de celui employé par la Banque, aux dessins du filigrane qui sont très imparfaits, aux caractères et aux vignettes qui manquent de netteté dans beaucoup de parties.

La Banque suit d'ailleurs très attentivement toutes les émissions de billets faux dont elle peut avoir connaissance, et elle prévient le public par la voie de la presse aussitôt qu'elle a découvert les traces d'une nouvelle falsification. Il importe donc, dans l'intérêt général, que tout détenteur d'un billet reconnu ou présumé faux le fasse parvenir directement à cet établissement ou au Parquet, qui informe toujours la Banque de ces envois.

Pour protéger plus efficacement les porteurs de ses billets, la Banque de France opère actuellement le retrait des anciens types de 100 fr. et de 50 fr. que les faussaires étaient parvenus à reproduire avec une certaine habileté et elle les remplace par de nouveaux billets dont l'imitation parait impossible; les tentatives faites jusqu'à présent par les faussaires n'ont donné lieu qu'à de grossières reproductions, sur la nature desquelles il est impossible de se tromper.

L'État, de son côté, pour prévenir les escroqueries qui se commettaient à l'aide des imprimés ayant l'apparence de billets de banque, a fait voter par le Parlement une loi qui interdit la fabrication, la vente, la distribution et le colportage de tous imprimés ou formules simulant des billets de banque[1].

Les billets faux remis à la Banque sont conservés par elle, en aucun cas elle n'en rembourse le montant; elle est, en ce qui concerne ces sortes de billets, dans la même situation qu'un particulier qui se trouve en présence d'un effet portant une fausse signature. On a bien fait remarquer que le privilège d'émettre des billets au porteur mettait la Banque dans une situation

----

1. Loi du 11 juillet 1885.

exceptionnelle, et qu'en raison de ce privilège, elle devait prendre à sa charge toutes les falsifications. Les statuts ne prévoient en aucune façon cette obligation et on peut ajouter qu'ils n'auraient pu le faire sans provoquer, pour ainsi dire, la fraude. Il est bien évident que si la Banque acceptait indistinctement tous les billets, bons ou mauvais qui lui sont présentés, le public n'aurait plus aucun intérêt à s'assurer de l'authenticité de ceux qu'il est appelé à recevoir et les faussaires auraient dès lors les plus grandes facilités pour placer sûrement les produits de leur industrie.

En résumé, la Banque de France est, au point de vue de la circulation de ses billets, dans les mêmes conditions que l'État à l'égard des monnaies d'appoint, dont il monopolise la fabrication et l'émission. Malgré ce monopole, on n'a jamais songé à rendre le Trésor responsable des pièces fausses qui se rencontrent encore fréquemment dans la circulation.

Des Banques privilégiées établies en Algérie et dans plusieurs colonies [1], sont autorisées à émettre des billets au porteur, mais la circulation de ces billets est exclusivement limitée aux pays où fonctionnent les établissements qui les ont émis; ils n'ont pas cours en France et réciproquement les billets de

---

1. Les colonies pourvues d'une banque privilégiée sont au nombre de sept, savoir : la Cochinchine, la Guadeloupe, la Guyane, l'Inde, la Martinique, la Réunion et le Sénégal. (Voir p. 65.)

la Banque de France n'ont pas cours dans ces mêmes pays.

En Algérie, cependant, ces dernières valeurs sont couramment acceptées et même recherchées par le commerce : cette situation s'explique par les facilités qu'elles lui offrent pour solder, à défaut de traites, les importations de la métropole qui sont encore supérieures aux exportations.

ALGÉRIE ET COLONIES

Algérie.

La circulation monétaire et fiduciaire est soumise en Algérie aux mêmes lois et règlements qu'en France; il n'existe à cet égard aucune différence entre la métropole et la colonie; les billets de la Banque de France cependant n'y ont pas cours, ils sont remplacés par des billets au porteur de la Banque de l'Algérie qui a le monopole de leur émission. Ces billets ont cours légal et sont remboursables à présentation [1].

Les observations relatives aux billets faux et dété-

1. Loi du 3 avril 1880. — « Art. 2. Les billets de la Banque de « l'Algérie sont de 1,000 fr., 500 fr., 100 fr., 50 fr. et 20 fr. A partir « de la promulgation de la présente loi, ils seront reçus comme monnaie « légale par les caisses publiques et par les particuliers.

« Art. 3. Sont et demeurent abrogées les dispositions de la loi du « 12 août 1870, en ce qui concerne la Banque de l'Algérie. » (L'article 4 de cette loi dispensait cet établissement de rembourser ses billets avec des espèces.)

Statuts approuvés par la loi du 3 avril 1880 :

« Art. 6. Les billets sont remboursables à vue au siège de la Banque « et de ses succursales. La Banque n'est tenue à rembourser que les bil-« lets qui lui sont effectivement présentés.

« Aucune action ne peut lui être intentée en cas de perte ou de des-« truction pour quelque cause que ce soit.

« Art. 7. Les billets émis par chaque établissement sont payables « à la caisse de ces établissements ; néanmoins, les billets des succur-

riorés de la Banque de France sont applicables aux billets faux et détériorés de la Banque de l'Algérie.

Colonies.

Le régime monétaire des colonies varie suivant la situation géographique, les relations commerciales et les coutumes des pays auxquels il doit s'appliquer.

L'assimilation avec la métropole a fait de grands progrès depuis quelques années. Pour la plupart de nos possessions, cette assimilation est à peu près complète, et l'on peut espérer que dans un délai assez rapproché elles ne feront plus usage que des monnaies ayant cours en France, sauf l'Inde et la Cochinchine, dont la situation exceptionnelle nécessitera encore longtemps le maintien d'un régime spécial.

Les colonies pourvues de banques privilégiées ont, en sus de la circulation métallique, une circulation fiduciaire représentée par les billets au porteur émis par ces établissements. Ces billets ont cours légal et sont remboursables à présentation par les banques qui les ont émis[1].

----

sales peuvent être remboursés à Alger par la Banque, lorsque le Conseil d'administration le trouve convenable.

« Les billets de la Banque d'Alger peuvent également être remboursés par les succursales, avec l'autorisation du Conseil et aux conditions qu'il détermine. »

Dans la pratique, la Banque d'Alger rembourse couramment les billets de ses succursales, et réciproquement les succursales remboursent les billets émis par la Banque d'Alger.

1. Voir annexes, p. 65. Banques coloniales.

Dans certains cas, les gouverneurs et les commandants des colonies peuvent aussi créer des bons de caisse ou bons de monnaie ayant cours légal et garantis par une réserve en numéraire constituée dans les caisses des trésoriers-payeurs chargés de leur émission. Ces bons sont destinés à remplacer dans les transactions les espèces métalliques, lorsque ces espèces sont accaparées, soit par la spéculation qui trouve un bénéfice à les exporter, soit par le commerce qui les utilise, à défaut d'autres moyens de remise, pour régler ses dettes envers la métropole.

Dès que l'emploi des bons de caisse n'est plus nécessaire, le retrait en est opéré par l'intermédiaire des trésoriers-payeurs et de leurs préposés qui remettent en échange le numéraire mis en réserve pour en garantir le remboursement[1].

Antilles françaises, Guadeloupe et Martinique.

L'ordonnance du 30 août 1826 a introduit dans ces deux colonies le *franc* comme unité de compte et comme unité monétaire légale, tout en maintenant dans la circulation la plupart des anciennes monnaies d'or et d'argent nationales (pièces de 48, 24, 6 et 3 livres) et un certain nombre de pièces étrangères, Portugaises et Espagnoles surtout, très répandues dans les Antilles.

---

1. Voir annexes, p. 67. Bons de caisse.

Le décret du 23 avril 1855 a modifié cet état de choses
en retirant le cours légal à ces différentes espèces, et,
depuis cette époque, les monnaies ayant cours en France
sont seules admises dans la circulation. Cependant on y
rencontre encore des pièces de bronze de 10 et 5 cent.
aux effigies de Charles X et de Louis Philippe qui sont
utilisées par les particuliers dans leurs transactions
journalières.

Dans chacune de ces colonies, fonctionne une banque
locale[1] jouissant du monopole d'émettre des billets au
porteur ayant cours légal et remboursables à présentation aux guichets de ces établissements.

Les gouverneurs de la Guadeloupe et de la Martinique ont en outre la faculté, quand les circonstances
le rendent nécessaire, de créer et de faire mettre en
circulation par les trésoriers-payeurs des bons de caisse
ayant cours légal au même titre que les espèces métalliques qu'ils représentent.

Guyane.

La Guyane est soumise au régime monétaire métropolitain ; on y trouve encore d'anciennes monnaies de
billon, des pièces de 10 cent. surtout, frappées pour
cette colonie pendant le règne de Louis Philippe. Bien
qu'elles n'aient plus cours légal, le commerce local

---

1. Voir annexes, p. 65. Banques coloniales.

donne à ces pièces une préférence très marquée sur nos monnaies de bronze de nouvelle fabrication.

La Guyane possède une banque ayant le privilège d'émettre des billets au porteur avec cours légal et remboursables à présentation à ses guichets.

Mayotte et Nossi-Bé.

Le décret du 27 août 1883 a mis en vigueur dans ces deux colonies les lois monétaires françaises en modifiant toutefois les dispositions de ces lois en ce qui concerne la circulation des monnaies divisionnaires d'argent nationales ; ces monnaies y ont la même valeur libératoire que les pièces de 5 fr. et elles peuvent y être utilisées dans tous les paiements sans limitation de quantité par les particuliers ou les caisses publiques.

Avant 1883, les roupies de l'Inde circulaient à Mayotte et à Nossi-Bé concurremment avec les monnaies de l'Union latine, elles ont maintenant cessé d'avoir cours légal et ont presque totalement disparu.

Les colonies de Mayotte et de Nossi-Bé ne sont pas pourvues d'établissements de crédits privilégiés, elles n'ont par conséquent pas de circulation fiduciaire, elles peuvent seulement avoir des bons de caisse lorsque l'emploi de ces bons devient nécessaire[1].

---

1. Décret du 27 août 1883, art. 2. (Voir annexes, Bons de caisse, p. 67.)

Nouvelle-Calédonie.

La Nouvelle-Calédonie est soumise au régime monétaire métropolitain. Cette colonie a eu une banque privilégiée créée en 1874 (décret du 14 juillet 1874) et qui
a cessé de fonctionner en 1877.

La circulation est actuellement limitée aux monnaies
d'argent expédiées de France par le Trésor et émises
par le trésorier-payeur, on n'y rencontre que très rarement des pièces d'or. Le gouverneur de la Nouvelle-
Calédonie n'a pas jusqu'à présent la faculté d'autoriser
l'émission de bons de caisse.

Réunion.

Le décret du 2 avril 1879 a exclu de la circulation à la
Réunion les nombreuses monnaies d'or et d'argent étrangères qui jouissaient du cours légal dans cette colonie,
concurremment avec les monnaies de l'Union latine[1].

---

1. Avant 1879, la circulation des monnaies étrangères à la Réunion
était régie par les arrêtés des 22 juillet et 26 novembre 1834 et 12 décembre 1848.

Ces arrêtés donnaient cours légal aux différentes monnaies d'or et d'argent de l'Inde, de l'Espagne, de la Colombie, du Chili, du Pérou et du
Mexique, ils en fixaient en même temps la valeur.

L'arrêté du 12 décembre 1848 attribuait notamment à la roupie d'argent de l'Inde, la valeur de 2 fr. 50 c. On se rend facilement compte
des bénéfices réalisés par les importateurs de ces monnaies qui s'ache-
taient en 1879 sur les places de l'Inde au cours de 2 fr. à 2 fr. 15 c.

L'administration locale, pour attirer les monnaies étrangères et prévenir leur exportation, lorsque le métal argent faisait prime, leur avait attribué une valeur de convention supérieure de 3 à 4 p. 100 à leur valeur réelle. Avec la dépréciation de l'argent, ce surhaussement était devenu une source de spéculations préjudiciables à la colonie et auxquelles il était urgent de mettre un terme.

La loi monétaire française est actuellement en vigueur à la Réunion, sauf en ce qui concerne les dispositions relatives à l'emploi des pièces d'appoint nationales qui ont cours légal entre particuliers, sans limitation de quantité, et que le Trésor peut utiliser dans ses paiements, également sans limitation de quantité[1].

La Réunion est pourvue d'une banque locale, jouissant du privilège d'émettre des billets au porteur, avec cours légal, qu'elle rembourse à présentation[2].

Le gouverneur peut faire mettre en circulation par le trésorier-payeur, lorsque les circonstances l'exigent, des bons de caisse ayant cours légal[3].

---

1. Décret du 2 mai 1879, art. 5. — « Par dérogation à l'article 5 de « la loi du 14 juillet 1866 (reproduit par l'article 5 de la convention de « 1885), les pièces d'argent nationales de 2 fr., 1 fr. et 50 cent. auront « cours légal entre particuliers et dans les paiements effectués par les « caisses publiques sans limitation de quantité. »

2. Voir annexes, p. 65. Banques locales.

3. Voir annexes, p. 67. Bons de caisse.

Sénégal.

Les monnaies de l'Union latine ont seules cours légal au Sénégal dans les mêmes conditions qu'en France.

La circulation fiduciaire est représentée dans cette colonie par les billets au porteur de la banque locale, qui ont cours légal et que cette banque rembourse à présentation. Ces billets ne sont guère employés qu'à Saint-Louis et à Dakar[1]. Dans l'intérieur des terres, les transactions se règlent au moyen de numéraire argent et de pièces de cotonnade, dites *guinées*, qui sont utilisées comme monnaies et servent aux échanges.

Taïti.

Le décret du 9 mars 1880 a rendu applicable, dans nos possessions de l'Océanie, le régime monétaire métropolitain. Toutefois, par dérogation à l'article 5 de la loi du 14 juillet 1866, les monnaies divisionnaires nationales y ont cours légal sans limitation de quantité.

Le commandant de la colonie peut autoriser l'émission par le Trésor de bons de caisse ayant cours légal[2].

Une caisse agricole qui fonctionne actuellement à Taïti, sous le patronage de l'administration locale,

---

1. Voir annexes. Banques locales, p. 65.
2. Voir annexes. Bons de caisse, p. 67.

émet aussi des bons de caisse acceptés par les caisses publiques et les particuliers.

Gabon et dépendances.

Au Gabon, la circulation monétaire comprend les monnaies ayant cours en France et les livres sterling dont la valeur légale est déterminée par des arrêtés de l'administration locale.

Iles Saint-Pierre et Miquelon.

Les relations fréquentes de ces îles avec la côte Américaine et l'Angleterre ont fait admettre dans les transactions entre particuliers et dans les opérations de recettes et de dépenses du budget local de la colonie, les monnaies d'or des États-Unis et les livres sterling concurremment avec les monnaies de l'Union latine; mais l'emploi de ces dernières est obligatoire toutes les fois qu'il s'agit de paiements et de recouvrements à faire par le Trésor pour des services métropolitains.

Le taux de conversion en francs des monnaies Anglaises et Américaines est fixé par des arrêtés du commandant de la colonie.

Cochinchine.

Un décret du 5 juillet 1881 a disposé que l'unité de compte en Cochinchine serait la piastre en usage dans tous les ports de l'Extrême-Orient[1]. Cette disposition n'a fait que confirmer l'état de choses établi depuis le commencement de notre occupation.

Les piastres admises avec cours légal dans la circulation sont : les piastres à l'effigie nationale et ses subdivisions (pièces de 50 cents, de 20 cents, de 10 cents en argent, et en cuivre, pièces de un cent et sapèques, ces dernières pièces représentent la cinq-centième partie de la piastre); les piastres Mexicaines et les dollars de commerce des États-Unis (*trade dollar*).

Le cours légal de conversion de la piastre en francs suit le cours commercial et est fixé par des arrêtés du gouverneur de la colonie.

Les Chinois et les Annamites font encore usage de sapèques de zinc qui ne sont pas admises dans les caisses publiques. Ces monnaies, d'une valeur très minime, tendent à disparaître complètement; depuis longtemps déjà leur fabrication a été abandonnée.

La Cochinchine est pourvue d'une banque locale qui a le privilège d'émettre des billets au porteur rembour-

---

1. Décret du 5 juillet 1881, art. 1er. — « A partir de l'exercice 1881 « inclusivement, le budget du service local de la Cochinchine sera établi « en piastres. En conséquence la piastre sera l'unité de valeur servant « de base à l'établissement, à la constatation et à la perception des con- « tributions, droits, taxes et produits de toute nature compris dans ce « budget. Les dépenses dudit budget seront également liquidées et « acquittées en piastres. »

sables à présentation, ayant cours légal et dont la valeur est exprimée en piastres[1].

Inde.

La roupie Indienne et ses subdivisions sont les seules monnaies employées dans nos possessions de l'Inde. Le cours légal de la Roupie est fixé au mois de novembre de chaque année pour l'année suivante, d'après le cours commercial moyen des douze mois précédents[2].

Avant 1885, le cours légal de cette monnaie était invariablement fixé à 2 fr. 40 c.; l'écart considérable existant entre ce cours et le cours commercial était une cause de difficultés sans nombre. Le décret de 1884 a apporté une amélioration sensible à cet état de choses, mais l'application de ses dispositions laisse encore fréquemment subsister un écart très appréciable entre le cours légal et le cours commercial de la roupie.

La Banque de l'Indo-Chine a une succursale à Pondi-

---

1. Voir annexes, p. 65. Banques coloniales.

2. Décret du 13 septembre 1884. — « Art. 1er. A partir du 1er janvier 1885 le taux légal à attribuer aux roupies dans les possessions « françaises de l'Inde sera fixé d'après le cours commercial de ces monnaies dans la colonie.

« Art. 2. Au mois de novembre de chaque année un arrêté du « gouverneur, rendu en conseil privé, sur la proposition du trésorier-« payeur et d'après le moyen des cours effectifs du change pendant les « 12 mois précédents, déterminera ce taux.

« Le taux de la roupie ainsi fixé sera appliqué pendant toute la durée « de l'année suivante. »

chéry ; cette succursale émet des billets au porteur dont la valeur est indiquée en roupies. Ces billets ont cours légal dans la colonie, ils sont remboursables à présentation par l'établissement qui les a émis[1].

Obock.

Avant l'établissement de la France à Obock, nos monnaies nationales y étaient inconnues. Les roupies de l'Inde et les pièces de commerce Autrichiennes connues sous le nom de Marie-Thérèse ou Thalaris[2], étaient les principales monnaies employées dans les transactions avec les indigènes.

La circulation légale comprend aujourd'hui les monnaies de l'Union latine, les roupies de l'Inde et les thalaris. Le taux de conversion en francs de ces dernières monnaies est fixé par des arrêtés du commandant de la colonie d'après leur cours commercial.

Pays de Protectorat.

Dans les pays de Protectorat on a maintenu dans la circulation les monnaies ayant cours avant notre établissement dans ces pays.

----

1. Voir annexes. Banques coloniales, p. 65.

2. Ces monnaies sont frappées encore aujourd'hui en Autriche pour le commerce du Levant, elles portent l'effigie de Marie-Thérèse et le millésime de 1780.

La piastre Tunisienne qui correspond à 60 centimes de notre monnaie a été conservée dans la Régence comme unité de compte. Les espèces d'argent ne sont employées que comme appoint et les transactions se règlent avec des monnaies d'or représentées surtout par la pièce de vingt-cinq piastres. La Monnaie de Tunis frappe actuellement des pièces de cette coupure, sur lesquelles se trouve indiquée la valeur correspondante en francs. On fait aussi usage à Tunis de monnaies françaises, mais elles y subissent une certaine dépréciation plus sensible sur l'argent que sur l'or.

Le régime monétaire de l'Annam et du Tonkin n'est pas encore définitivement réglé. La circulation monétaire de ces contrées, ainsi que celle du Cambodge, est alimentée, quant à présent, surtout par l'importation des piastres Françaises de commerce et de ses subdivisions, des piastres Mexicaines et du trade dollar des États-Unis d'Amérique. Les indigènes se servent pour leurs achats journaliers de sapèques de cuivre et de zinc; il faut environ 4,000 de ces dernières pour représenter la valeur d'une piastre.

Dans les principales villes du Tonkin on trouve des billets de la Banque de l'Indo-Chine qui a une succursale à Haïphung.

A Madagascar la pièce de 5 fr. d'argent est reçue par les indigènes qui recherchent cette monnaie.

ANNEXE N° 1

CONVENTION MONÉTAIRE DU 6 NOVEMBRE 1885
(Loi du 29 décembre 1885 et décret du 30 du même mois.)

Art. 1er. — La France, la Grèce, l'Italie et la Suisse demeurent constituées à l'état d'Union pour ce qui regarde le titre, le poids, le diamètre et le cours de leurs espèces monnayées d'or et d'argent.

Art. 2. — Les types des monnaies d'or frappées à l'empreinte des hautes parties contractantes sont ceux des pièces de 100 fr., de 50 fr., de 20 fr., de 10 fr. et de 5 fr., déterminés, quant au titre, au poids, à la tolérance et au diamètre, ainsi qu'il suit :

NATURE des pièces.	TITRE.		POIDS.		DIAMÈTRE.
	TITRE DROIT.	TOLÉRANCE du titre, tant en dehors qu'en dedans.	POIDS DROIT.	TOLÉRANCE du poids, tant en dehors qu'en dedans	
	milliémes.	milliémes.	grammes.	milliémes.	millimètres.
franes.					
100			32,258 06	1	35
50			16,129 03		28
Or. 20	900	1	6,451 61	2	21
10			3,225 80		19
5			1,612 90	3	17

Les gouvernements contractants admettront sans dictinction dans leurs caisses publiques les pièces d'or fabriquées, sous les conditions qui précèdent, dans l'un ou l'autre des quatre États, sous réserve, toutefois, d'exclure les pièces dont le poids aurait été réduit par le frai de 1/2 p. 100 au-dessous des tolérances indiquées plus haut, ou dont les empreintes auraient disparu.

Art. 3. — Le type des pièces d'argent de 5 fr., frappées à l'empreinte des hautes parties contractantes, est déterminé, quant au titre, au poids, à la tolérance et au diamètre, ainsi qu'il suit :

TITRE.		POIDS.		DIAMÈTRE.
TITRE DROIT.	TOLÉRANCE du titre tant en dehors qu'en dedans.	POIDS DROIT.	TOLÉRANCE du poids, tant en dehors qu'en dedans.	
millièmes.	millièmes.	grammes.	millièmes.	millimètres.
900	2	25	3	37

Les gouvernements contractants recevront réciproquement dans leurs caisses publiques lesdites pièces d'argent de 5 fr.

Chacun des États contractants s'engage à reprendre des caisses publiques des autres États les pièces d'argent de 5 fr. dont le poids aurait été réduit par le frai de 1 p. 100 au-dessous de la tolérance légale, pourvu qu'elles n'aient pas été frauduleusement altérées ou que les empreintes n'aient pas disparu.

En France, les pièces d'argent de 5 fr. seront reçues dans les caisses de la Banque de France, pour le compte du Trésor, ainsi qu'il résulte des lettres échangées entre le gouvernement français et la Banque de France à la date des 31 octobre et 2 novembre 1885 et annexées à la présente convention.

Cet engagement est pris pour la durée de la convention, telle qu'elle a été fixée par le § 1er de l'article 13, et sans que la Banque soit liée au delà de ce terme par l'application de la clause de tacite reconduction prévue au § 2 du même article.

Dans le cas où les dispositions concernant le cours légal des pièces d'argent de 5 fr. frappées par les autres États de l'Union seraient supprimées, soit par la Grèce, soit par l'Italie, soit par la Suisse, pendant la durée de l'engagement pris par la Banque de France, la puissance ou les puissances qui auront rapporté ces dispositions prennent l'engagement que leurs banques d'émission recevront les pièces d'argent de 5 fr. des autres États de l'Union dans des conditions identiques à celles où elles reçoivent les pièces d'argent de 5 fr. frappées à l'effigie nationale.

Deux mois avant l'échéance du terme assigné pour la dénonciation de la convention, le gouvernement français devra faire connaître aux États de l'Union si la Banque de France est dans l'intention de continuer ou de cesser d'exécuter l'engagement ci-dessus relaté. A défaut de cette communication, l'engagement de la Banque de France sera soumis à la clause de tacite reconduction.

Art. 4. — Les hautes parties contractantes s'engagent à ne fabriquer des pièces d'argent de 2 fr., de 1 fr., de 50 cent. et de 20 cent. que dans les conditions de titre, de poids, de tolérance et de diamètre déterminées ci-après :

PIÈCES.	TITRE.		POIDS.		DIAMÈTRE.
	TITRE DROIT.	TOLÉRANCE du titre, tant en dehors qu'en dedans.	POIDS DROIT.	TOLÉRANCE du poids, tant en dehors qu'en dedans.	
fr. c.	millièmes.	millièmes.	grammes.	millièmes.	millimètres.
2 »			10 »		27
1 »	835	3	5 »	5	23
0 50			2 50	7	18
0 20			1 »	10	16

Ces pièces devront être refondues par les gouvernements qui les auront émises, lorsqu'elles seront réduites par le frai de 5 p. 100 au-dessous des tolérances indiquées plus haut, ou lorsque leurs empreintes auront disparu.

Art. 5. — Les pièces d'argent fabriquées dans les conditions de l'article 4 auront cours légal entre les particuliers de l'État qui les a émises jusqu'à concurrence de 50 fr. pour chaque paiement. L'État qui les a mises en circulation les recevra de ses nationaux sans limitation de quantité.

Art. 6. — Les caisses publiques de chacun des quatre États accepteront les monnaies d'argent fabriquées par un ou plusieurs des autres États contractants conformément à l'article 4, jusqu'à concurrence de 100 fr. pour chaque paiement fait auxdites caisses.

Art. 7. — Chacun des gouvernements contractants s'engage à reprendre des particuliers ou des caisses publiques des autres États les monnaies d'appoint en argent qu'il a émises et à les échanger contre une égale valeur de monnaie courante en pièces d'or ou d'argent fabriquées dans les conditions des articles 2 et 3, à condition que la somme présentée à l'échange ne sera pas inférieure à 100 fr. Cette obligation sera prolongée pendant une année à partir de l'expiration de la présente convention.

Art. 8. — Le monnayage des pièces d'or fabriquées dans les conditions de l'article 2, à l'exception de celui des pièces de 5 fr. d'or qui demeure provisoirement suspendu, est libre pour chacun des États contractants.

Le monnayage des pièces de 5 fr. d'argent est provisoirement suspendu. Il ne pourra être repris que lorsqu'un accord unanime sera établi, à cet égard, entre tous les États contractants.

Toutefois, si l'un des États voulait reprendre la frappe libre des pièces de 5 fr. d'argent, il en aurait la faculté, à la condition d'échanger ou de rembourser, pendant toute la durée de la présente convention, en or et à vue, aux autres pays contractants, sur leur demande, les pièces de 5 fr. d'argent frappées à son effigie et circulant sur leur territoire. En outre, les autres États seraient libres de ne plus recevoir les écus de l'État qui reprendrait la frappe desdites pièces.

L'État qui voudra reprendre ce monnayage devra, au préalable, provoquer la réunion d'une conférence avec ses coassociés, pour régler les conditions de cette reprise, sans cependant que la faculté mentionnée au paragraphe précédent soit subordonnée à l'établissement d'un accord et sans que les conditions d'échange et de remboursement stipulées au même paragraphe puissent être modifiées.

A défaut d'entente et tout en conservant le bénéfice des stipulations qui précèdent vis-à-vis de l'État qui reprendrait la frappe libre des pièces de 5 fr. d'argent, la Suisse se réserve la faculté de sortir de l'Union avant l'expiration de la présente convention. Cette faculté est toutefois subordonnée à la double condition : 1° que, pendant quatre ans à partir de l'entrée en vigueur de la présente convention, l'article 14 et l'arrangement annexe ne seront pas applicables vis-à-vis des États qui n'auraient pas repris la frappe libre des pièces de 5 fr. d'argent ; et 2° que les monnaies d'argent desdits États continueront, pendant la même période, à circuler en Suisse conformément aux stipulations de la présente convention. De son côté, la Suisse s'engage à ne pas reprendre, pendant la même période de quatre ans, la frappe libre des pièces de 5 fr. d'argent.

Le gouvernement fédéral suisse est autorisé à faire procéder à la refonte des anciennes émissions de pièces suisses de 5 fr. d'argent, jusqu'à concurrence de 10 millions de francs, mais à charge par lui d'opérer à ses frais le retrait des anciennes pièces.

Art. 9. — Les hautes parties contractantes ne pourront émettre des pièces d'argent de 2 fr., de 1 fr., de 50 cent. et de 20 cent. frappées dans les conditions indiquées par l'article 4 que pour une valeur correspondant à 6 fr. par habitant.

Ce chiffre, en tenant compte des derniers recensements effectués dans chaque État et de l'accroissement normal de la population, est fixé :

Pour la France, l'Algérie et les colonies, à . .	256,000,000 fr.
Pour la Grèce, à	15,000,000
Pour l'Italie, à	182,100,000
Pour la Suisse, à	19,000,000

Seront imputées sur les sommes ci-dessus les quantités déjà émises jusqu'à ce jour par les États contractants[1].

Le gouvernement italien est exceptionnellement autorisé à faire fabriquer une somme de 20 millions en pièces divisionnaires d'argent, cette somme étant destinée à assurer le remplacement des anciennes monnaies par des pièces frappées dans les conditions de l'article 4 de la présente convention.

Le gouvernement fédéral suisse est autorisé, à titre exceptionnel, eu égard aux besoins de la population, à faire fabriquer une somme de 6 millions en pièces divisionnaires d'argent.

Le gouvernement français est également autorisé, à titre exceptionnel, à procéder, jusqu'à concurrence de 8 millions de francs, à la refonte, en pièces divisionnaires d'argent, des monnaies pontificales précédemment retirées de la circulation.

Art. 10. — Le millésime de fabrication sera inscrit, en conformité rigoureuse avec la date du monnayage, sur les pièces d'or et d'argent frappées dans les quatre États.

Art. 11. — Le gouvernement de la République française accepte la mission de centraliser tous les documents administratifs et statistiques relatifs aux émissions de monnaies, à la production et à la consommation des métaux précieux, à la circulation monétaire, à la contrefaçon et à l'altération des monnaies. Il les communiquera aux autres gouvernements, et les pays contractants aviseront de concert, s'il y a lieu, aux mesures propres à donner à ces renseignements toute l'exactitude désirable, comme à prévenir les contrefaçons et altérations de monnaies et à en assurer la répression.

Art. 12. — Toute demande d'accession à la présente convention faite par un État qui en accepterait les obligations et qui adopterait le système monétaire de l'Union ne peut être accueillie que du consentement unanime des hautes parties contractantes.

----

1. Voir annexes, p. 57.

Celles-ci s'engagent à retirer ou à refuser le cours légal aux pièces d'argent de 5 fr. des États ne faisant pas partie de l'Union. Ces pièces ne pourront être acceptées ni dans les caisses publiques, ni dans les banques d'émission.

Art. 13. — La présente convention, exécutoire à partir du 1er janvier 1886, restera en vigueur jusqu'au 1er janvier 1891.

Si, un an avant ce terme, elle n'a pas été dénoncée, elle sera prorogée de plein droit, d'année en année, par voie de tacite reconduction, et continuera d'être obligatoire pendant une année à partir du 1er janvier qui suivra la dénonciation.

Art. 14. — En cas de dénonciation de la présente convention, chacun des États contractants sera tenu de reprendre les pièces de 5 fr. en argent qu'il aurait émises et qui se trouveraient dans la circulation ou dans les caisses publiques des autres États, à charge de payer à ces États une somme égale à la valeur nominale des espèces reprises, le tout dans les conditions déterminées par un arrangement spécial qui demeurera annexé à la présente convention.

Art. 15. — La présente convention sera ratifiée ; les ratifications en seront échangées à Paris le plus tôt que faire se pourra et, au plus tard, le 30 décembre 1885.

En foi de quoi, les plénipotentiaires respectifs ont signé la présente convention et y ont apposé le cachet de leurs armes.

Fait, en quadruple expédition, à Paris, le 6 novembre 1885.

ACTE ADDITIONNEL, EN DATE DU 12 DÉCEMBRE 1885, A LA CONVENTION MONÉTAIRE SIGNÉE LE 6 NOVEMBRE 1885 ENTRE LA FRANCE, LA GRÈCE, L'ITALIE ET LA SUISSE.

Les gouvernements signataires de la convention monétaire conclue à Paris le 6 novembre 1885, ayant entendu laisser à la Belgique la faculté d'entrer de nouveau comme partie contractante dans l'Union reconstituée par cette convention, et le gouvernement Belge désirant profiter de cette faculté,

Les soussignés dûment autorisés à cet effet sont convenus des dispositions suivantes :

Art. 1er. — Le gouvernement Belge adhère à la convention monétaire signée à Paris le 6 novembre 1885, entre la France, la Grèce, l'Italie et la Suisse, ainsi qu'à la déclaration et à l'arrangement qui y sont annexés[1].

De leur côté, les gouvernements de la France, de la Grèce, de l'Italie et de la Suisse prennent acte de l'adhésion du gouvernement Belge et y donnent leur assentiment.

Art. 2. — La Banque nationale de Belgique recevra les pièces d'argent de 5 fr. des pays de l'Union dans des conditions identiques à celles où elle reçoit les pièces Belges de 5 fr. d'argent, pendant la durée de la convention, telle qu'elle est déterminée, pour la Banque de France, par l'article 3 de la convention.

Art. 3. — Le contingent des pièces d'argent de 2 fr., de 1 fr., de 50 cent. et de 20 cent. qui peuvent être frappées et émises par la Belgique dans les conditions des articles 4 et 9 de la convention, est fixé à 35,800,000 fr. Seront imputées sur cette somme les quantités déjà émises jusqu'à ce jour par le gouvernement Belge. Exceptionnellement, la Belgique est autorisée à fabriquer des monnaies de ces catégories, jusqu'à concurrence de 5 millions de francs, au moyen de pièces de 5 fr. d'argent qu'elle refondrait.

----

1. Ces déclaration et arrangement sont relatifs aux échanges respectifs et au rapatriement des pièces de 5 fr. d'argent pouvant exister en quantités équivalentes dans les divers États, et à l'exécution par la Grèce et la Suisse des articles 8 et 12 de la convention.

RELEVÉ DES PIÈCES D'OR ET D'ARGENT ADMISES DANS LA CIRCULATION ET FABRIQUÉES PAR LA BELGIQUE, LA FRANCE, LA GRÈCE, L'ITALIE ET LA SUISSE, JUSQU'AU 31 JUILLET 1885.

MATIÈRE des pièces.		NATIONALITÉS.				
		Belgique.	France.	Grèce.	Italie.	Suisse.
Or . . .	100ᶠ	»	55,686,300ᶠ »	7,600ᶠ »	11,382,100ᶠ	»
	50	»	46,833,400 »	9,100 »	815,000	»
	40	»	204,432,360 »	»	»	»
	20	583,996,720ᶠ	7,168,602,800 »	11,717,240 »	513,174,060	5,000,000ᶠ
	10	»	965,051,690[1] »	189,590 »	10,095,190[4]	»
	5	»	210,947,190[2] »	16,470 »	3,058,895	»
Total des monnaies d'or.		583,996,720ᶠ	8,651,553,740ᶠ »	12,000,000ᶠ »	571,530,145ᶠ	5,000,000ᶠ
Argent.	5ᶠ	195,678,210ᶠ	5,060,606,210ᶠ »	15,462,865ᶠ »	511,203,310	10,478,250ᶠ
Pièces divisionnaires d'argent.	2	16,025,754ᶠ	81,111,084ᶠ »	2,273,700ᶠ »	60,000,000	8,000,000ᶠ
	1	12,426,314	104,985,552 »	5,331,358 »	70,000,000	7,000,000
	0,50	4,517,932	48,430,259 50	2,550,316 50	40,000,000	3,000,000
	0,20	»	2,501,728 60	641,625 40[4]	»	»
Total des pièces div.s.		33,000,000ᶠ	237,073,624ᶠ 10	10,799,999ᶠ 90	170,000,000ᶠ	18,000,000ᶠ

1. Non compris 18,589,720 fr., représentant les pièces de 10 fr. du module de 17 millimètres démonétisées.

2. Non compris 22,192,910 fr., représentant les pièces de 5 fr. du module de 14 millimètres démonétisées.

3. Non compris 1,055,110 fr., représentant des pièces du module de 13 millimètres démonétisées.

4. L'Italie avait fait frapper pour 7 millions de pièces de 20 cent., ces pièces ont été retirées de la circulation et remplacées par une valeur égale en pièces de 2 fr.

NATIONALITÉ DES PIÈCES.	VALEURS DES PIÈCES.	MILLÉSIMES.	CONDITIONS D'EMPLOI.	OBSERVATIONS.
Or.				Sont exclues de la circulation les pièces d'or de Belgique, de Grèce, du nouveau royaume d'Italie et de la Suisse, dont le poids aurait été diminué de 1/2 p. 100 au-dessous des tolérances légales ou dont les empreintes ne seraient plus visibles. — Les pièces fausses ou frauduleusement altérées présentées aux caisses publiques ne sont rendues à leur propriétaire qu'après avoir été cisaillées. — Les caisses publiques refusent les pièces rognées, percées et toutes celles qui ont subi une détérioration quelconque ayant altéré les effigies. — Toutes les monnaies qui ne sont pas mentionnées dans le présent tableau doivent être rigoureusement refusées; celles qui se rencontrent le plus fréquemment dans la circulation sont les pièces suivantes, similaires de notre pièce de 5 fr. d'argent : anciens États pontificaux, « 5 lire »; Espagne, « 5 pesetas »; Roumanie, « 5 leys »; Serbie, « 5 dinars »; Haïti, « gourde »; Venezuela « venezolano »; États-Unis de Colombie, Uruguay, République Argentine, Chili, « le peso »; Bolivie, « le bolivianc »; Pérou, « le sol ». — Les subdivisions de ces pièces, dont quelques-unes sont très répandues en France, doivent être également refusées. — Les monnaies de bronze et de nickel étrangères, sans distinction de nationalité, doivent être refusées.
France	100f, 50f, 40f, 20f	Sans distinction de millésime.	Cours légal. Obligation pour les particuliers et les caisses publiques de les recevoir sans limitation de quantité.	
—	10f, 5f	1856 et années suivantes	Cours légal. Obligation pour les particuliers et les caisses publiques de les recevoir sans limitation de quantité.	
Ancien royaume d'Italie (Napoléon I)	40f, 20f	Sans distinction de millésime.	Obligation pour les caisses publiques de les recevoir. Acceptation facultative pour les particuliers.	
Ancien royaume de Sardaigne	20f	Sans distinction de millésime.	Obligation pour les caisses publiques de les recevoir. Acceptation facultative pour les particuliers.	
Belgique, Grèce, nouveau roy.me d'Italie, Suisse.	100f, 50f, 20f, 10f, 5f	Sans distinction de millésime.	Obligation pour les caisses publiques de les recevoir. Acceptation facultative pour les particuliers.	
Empire austro-hongrois.	8 et 4 florins (20f et 10f)	Sans distinction de millésime.	Obligation pour les caisses publiques de les recevoir. Acceptation facultative pour les particuliers.	
Principauté de Monaco.	100f, 20f	Sans distinction de millésime.	Obligation pour les caisses publiques de les recevoir. Acceptation facultative pour les particuliers.	
Argent.				
France	5f	Sans distinction de millésime.	Cours légal. Obligation pour les particuliers et les caisses publiques de les recevoir sans limite.	
—	2f, 1f	1866 et années suivantes	Cours légal jusqu'à concurrence de 50 fr. dans chaque paiement entre particuliers.	
—	0,50c, 0,20c	1864 et années suivantes	Obligation pour les caisses publiques de les recevoir sans limitation de quantité.	
Ancien royaume d'Italie (Napoléon I)	5f	Sans distinction de millésime.	Cours légal. Obligation pour les particuliers et les caisses publiques de les recevoir sans limite.	
Ancien royaume de Sardaigne	5f	Sans distinction de millésime.	Obligation pour les caisses publiques de les recevoir. Acceptation facultative pour les particuliers.	
Belgique, Grèce, nouveau roy.me d'Italie, Suisse.	5f	Sans distinction de millésime.	Obligation pour les caisses publiques de les recevoir. Acceptation facultative pour les particuliers.	
Belgique.	2f, 1f, 0,50c	1866 et années suivantes	Obligation pour les caisses publiques de les recevoir jusqu'à concurrence de 100 fr. dans chaque paiement. Acceptation facultative pour les particuliers.	
Grèce.	2 et 1 drachme, 50 et 20 lepta	1868 et années suivantes		
Nouveau royaume d'Italie.	2f, 1f, 0,50c, 0,20c	1863 et années suivantes		
Suisse.	2f, 1f, 0,50c	1866 et années suivantes		
Bronze.				
France	0,10c, 0,05c, 0,02c, 0,01c	1852 et années suivantes	Cours légal. Obligation pour les particuliers et les caisses publiques de les recevoir jusqu'à concurrence de 4 fr. 99 c. dans chaque paiement.	

ANNEXE N° 3

VALEUR MONÉTAIRE ET VALEUR COMMERCIALE DE L'ARGENT

La valeur monétaire de l'argent est représentée par le produit de la transformation en monnaie d'une certaine quantité d'argent fin, déduction faite des frais de fabrication.

Un arrêté du 17 prairial an XI a fixé cette valeur à 218 fr. 89 c. (218 fr. 88 $\frac{889}{1000}$) le kilogramme.

On a calculé qu'avec 1 kilogramme d'argent fin on fabrique au titre de $\frac{900}{1000}$ 1,111^{gr},11 de monnaie, soit à raison de 5 grammes pour 1 fr. 222^f 22^c

En l'an XI les frais de fabrication s'élevaient à 3 fr. par kilogramme fabriqué (art. 11 de la loi des 7-17 germinal an VI), soit pour 1,111^{gr},11. . . . . 3 33

D'où le produit net de 1 kilogramme d'argent fin. 218^f 89^c

En 1835 les frais de fabrication ont été réduits à 2 fr. par kilogramme fabriqué, il en est résulté une augmentation dans la valeur monétaire de l'argent qui a été élevée à. . 220^f »

Enfin, en 1852, ces mêmes frais ont été abaissés à 1 fr. 50 c. et la valeur monétaire de l'argent s'est trouvée portée au chiffre actuel de. . . . . 220^f 56^c

La valeur commerciale fixée en l'an XI, d'après la valeur monétaire, à 218 fr. 89 c. le kilogramme de fin ($\frac{1000}{1000}$), n'a pas suivi les mêmes modifications que cette dernière ; ce chiffre de 218 fr. 89 c. a continué jusqu'à présent à servir de base aux

transactions sur le métal argent. Les hausses et les baisses de
ce métal sont indiquées par le tant pour mille de bénéfice ou de
perte qu'il faut ajouter à 218 fr. 89 c., ou à en déduire pour
obtenir le prix réel d'un kilogramme d'argent. La perte, en
1886, s'est élevée jusqu'à 300 fr. pour mille, correspondant à
153 fr. 23 c. pour prix du kilogramme, soit une différence de
67.33 entre la valeur commerciale et la valeur monétaire.

ANNEXE N° 4

MONNAIES DE BRONZE

Loi du 6 mai 1852. — « Art. 1ᵉʳ. — Sont retirées de la cir-
« culation et démonétisées :

« Les pièces de 1 liard et 2 liards ;

« Les pièces de 1 sou et 2 sous ;

« Les pièces de 1, 5 et 10 centimes.

« Art. 3. — Ces monnaies seront remplacées par une nouvelle
« monnaie de bronze, dont les pièces seront de 1, 2, 5 et 10 centimes.

« Le poids et le module de ces pièces seront :

	Poids.	Diamètre.
1 centime	1 gramme	15 millimètres.
2 centimes	2 grammes	20 millimètres.
5 centimes	5 grammes	25 millimètres.
10 centimes	10 grammes	30 millimètres.

« Elles seront composées de quatre-vingt-quinze centièmes
« de cuivre, quatre d'étain et un de zinc.

« La tolérance du poids en fort et en faible sera d'un pour
« cent pour les pièces de 5 et 10 centimes, et d'un demi pour
« cent pour les pièces de 1 et 2 centimes.

« La tolérance du titre en dessus et en dessous sera d'un
« centième pour le cuivre, et d'un demi-centième pour chacun
« des deux autres métaux. »

Les monnaies de bronze fabriquées en France dans les conditions du décret du 6 mai 1852 représentaient, au 31 juillet
1885, une valeur totale de 64,030,961 fr. 70 c., savoir :

Pièces de 10 centimes	33,875,310ᶠ,20
— 5 centimes	27,059,348 ,05
— 2 centimes	1,910,706 ,52
— 1 centime	1,185,596 ,93

ANNEXE N° 5

———

COURS LÉGAL DES BILLETS DE LA BANQUE DE FRANCE

Larombière, *Traité des obligations*, t. IV, p. 173. « Sous l'em-
« pire d'une loi qui a attribué aux billets de la Banque un cours
« légal et forcé, tous paiements peuvent être faits en cette mon-
« naie de papier, *nonobstant toute stipulation contraire*. Car la loi,
« dans un intérêt public, s'élève précisément contre cette liberté
« des conventions qui ne ferait qu'aggraver, si elle était consa-
« crée, les désastres des crises monétaires. »

Voir encore Laurent, *Principes de droit civil*, t. XVII, p. 549.

Arrêt de la Cour de cassation du 11 février 1873 (Sirey,
1873-1-97) ainsi motivé :

« Vu les articles 1er de la loi du 12 août 1870 et 6 du Code
« civil ;

« Attendu que les lois monétaires qui, en vue de conjurer une
« crise imminente, décrètent le cours forcé d'un papier de crédit,
« participent du caractère des lois de police et de sûreté, qu'à
« ce titre elles intéressent incontestablement l'ordre public et
« rentrent dès lors dans la classe de celles auxquelles l'article 6
« du Code civil défend de déroger par des conventions particu-
« lières ;

« Attendu qu'une telle dérogation en cette matière est illicite,
« non seulement après la promulgation de l'acte législatif qui,
« dans l'intérêt général, établit le cours forcé de valeurs fidu-
« ciaires représentatives du numéraire, mais aussi lorsque faite
« à l'avance, en prévision de circonstances qui rendraient né-
« cessaire un pareil mode de circulation monétaire, elle se for-
« mule par une stipulation ayant pour but d'autoriser, ce cas

« advenant, le créancier à s'affranchir de l'obéissance aux dis-
« positions légales qui l'auraient introduit;

« Attendu qu'il importe peu que la loi du 12 août 1870, à
« l'application de laquelle le défendeur au pourvoi a prétendu
« pouvoir se soustraire, sur le fondement d'une clause conven-
« tionnelle de cette dernière sorte, n'ait pas expressément dé-
« claré que ces prescriptions devraient être exécutées nonobstant
« toute convention contraire ; qu'en effet, en imposant aux par-
« ticuliers, en termes absolus et sans admettre aucune exception,
« l'obligation de recevoir comme monnaie légale les billets de
« la Banque de France, elle a suffisamment exprimé que sa dis-
« position s'étendait à ceux qui, antérieurement à sa promulga-
« tion, auraient stipulé que leurs créances ne pourraient leur être
« remboursées qu'en espèces d'or ou d'argent , — que sans doute
« cette stipulation est valable et obligatoire pour le débiteur en
« l'absence ou après l'abrogation de lois décrétant le cours forcé
« des valeurs qu'elle exclut des paiements à faire, mais qu'elle
« cesse d'être exécutoire dès l'instant où le législateur a établi
« ce cours forcé et aussi longtemps que cette mesure est main-
« tenue, le créancier ne peut légalement se refuser à recevoir
« en paiement un papier de crédit auquel la loi a attribué une
« valeur obligatoirement équivalente à celle des espèces métal-
« liques. »

ANNEXE Nᵒ 6

BANQUES PRIVILÉGIÉES DES COLONIES

Loi du 24 juin 1874, art. 4. — « Chacune des banques aux-
« quelles se rapporte la présente loi (banques de la Guadeloupe,
« de la Guyane, de la Martinique, de la Réunion et du Sénégal)
« est autorisée, à l'exclusion de tous autres établissements, à
« émettre dans la colonie où elle est instituée des billets au
« porteur de 500 fr., 100 fr., 25 fr. et 5 fr.

« Les billets sont remboursables à vue au siège de la banque
« qui les a émis. — Pour les coupures de 5 fr., les billets ne
« seront remboursables à vue que par groupes de 25 fr. Ils se-
« ront reçus comme monnaie légale dans l'étendue de chaque
« colonie par les caisses publiques ainsi que par les particuliers. »

Décret du 21 janvier 1875. « Art. 1ᵉʳ. — Une Banque d'émis-
« sion, de prêt et d'escompte est instituée dans les colonies de
« la Cochinchine et de l'Inde Française sous la dénomination de
« *Banque de l'Indo-Chine.*

« Art. 2. Le privilège de cette Banque est concédé à une
« société d'actionnaires constituée sous le nom de Banque de
« l'Indo-Chine, à charge par elle de se conformer aux statuts
« annexés au présent décret. »

Extrait des statuts :

« Art. 2. — Le siège de la Société est établi à Paris, sa durée
« est fixée à 20 ans à partir du 21 janvier 1875, date du décret
« qui la constitue.

« Deux succursales seront en premier lieu instituées, l'une
« à Saïgon, l'autre à Pondichéry.

« La Banque pourra, sur délibération du conseil d'adminis-
« tration, approuvée par arrêté ministériel, la commission de
« surveillance des banques coloniales entendue, instituer des
« agences sur tous les points de l'Extrême-Orient où sont établis
« des comptoirs régis par la législation française.

« Elle pourra également, sous les mêmes conditions, établir
« des agences dans les ports de Chine, du Japon et des Indes
« orientales....

« Art. 15. — Les opérations de la Banque doivent avoir pour
« unique objet les opérations financières se rattachant à la Co-
« chinchine et à l'Inde Française.

« Elles consistent dans ces colonies :

« 1° A émettre, à l'exclusion de tous autres établissements,
« des billets au porteur. Ces billets seront de 1,000 fr., de 500 fr.,
« de 100 fr., de 20 fr. et de 5 fr.

« Par disposition transitoire, les billets pourront dans chaque
« colonie (Inde et Cochinchine) être formulés en monnaie locale
« pour des valeurs à peu près équivalentes aux coupures ci-
« dessus.

« Les billets de la Banque seront remboursables à vue par la
« succursale qui les aura émis, toutefois les coupures de 5 fr.
« ne seront remboursables que par groupes de 25 fr.

« Les coupures de 5 fr. ne seront émises qu'avec l'autorisation
« du ministre de la marine et des colonies et après avis du mi-
« nistre des finances.

« Les billets de la Banque seront reçus comme monnaie légale
« dans l'étendue de la colonie par les caisses publiques ainsi
« que par les particuliers. »

ANNEXE N° 7

BONS DE CAISSE

Réunion. — Décret du 2 mai 1879. — « Art. 1er. — Est autori-
« sée la mise en circulation à la Réunion de bons de caisse qui
« seront en tout temps représentés par des monnaies d'or, des
« pièces de 5 fr. ou des monnaies divisionnaires d'argent natio-
« nales, mises spécialement en réserve à cet effet dans la caisse
« du trésorier-payeur de la colonie pour une somme égale aux
« émissions de papier.

« Art. 2. — Le montant des émissions, le chiffre des coupures
« et les conditions de la fabrication des bons de caisse seront
« déterminés par arrêtés du gouverneur.

« Art. 3. — Les bons de caisse auront cours forcé dans la co-
« lonie pour tous les paiements.

« Art. 4. — La Banque privilégiée de la Réunion est auto-
« risée à comprendre les bons de caisse dans son encaisse mé-
« tallique tel qu'il est déterminé par l'article 4 de la loi du 24
« juin 1874. »

Guadeloupe et Martinique. — Décret du 18 août 1884 (mêmes
dispositions que pour la Réunion).

Décret du 27 avril 1883, art. 2. — « Les commandants de
« Mayotte et de Nossi-Bé peuvent, en cas de besoin, autoriser
« la mise en circulation de bons de caisse dont ils détermineront,
« par arrêtés, le chiffre maximum d'émission, les coupures et les
« conditions de fabrication.

« Le montant des émissions devra être représenté en tout

« temps par des monnaies d'or, des pièces de 5 fr. ou des mon-
« naies divisionnaires d'argent nationales mises spécialement
« en réserve à cet effet dans la caisse du trésorier-payeur de la
« colonie.

« Les bons de caisse auront cours forcé dans la colonie pour
« tous les paiements. »

Taïti. — Décret du 9 mars 1880, reproduisant textuellement les
articles 1, 2 et 3 du décret concernant la colonie de la Réunion.

TABLE

A N N E X E S.

Nancy. — Imprimerie Berger-Levrault et Cie.

DICTIONNAIRE DES FINANCES
Publié sous la direction de M. Léon SAY
Membre de l'Institut, sénateur, ancien minis're dés finances, etc.

PAR MM.

LOUIS FOYOT | **A. LANJALLEY**
CHEF DE BUREAU | SOUS-DIRECTEUR

AU MINISTÈRE DES FINANCES

Avec la collaboration des écrivains les plus compétents et des principaux fonctionnaires des administrations publiques.

Le Dictionnaire paraît par fascicules de 8 feuilles grand in-8°, format jésus, au nombre approximatif de 25 fascicules, formant 2 volumes d'environ 100 feuilles chacun

Les fascicules 1 à 7 (**Abandon-Cautionnement**) *sont en vente.*

PRIX DU FASCICULE : **3 FR. 50**

Le Ministère des finances, son fonctionnement, suivi d'une étude sur l'organisation générale des autres ministères, par J. JOSAT, sous-chef de bureau au ministère des finances. 2e édition. 1883. 1 volume grand in-8° de 1,000 pages, broché . . . . 15 fr.

Essai sur l'histoire de la comptabilité publique en France, par V. DE SWARTE, trésorier-payeur général. 1885. Grand in-8° . . 1 fr. 50

La Question monétaire, ses origines, son état actuel, par J. LIÉGEOIS, professeur à la Faculté de droit à Nancy. 1881. Grand in-8° . . 1 fr.

Traité de la comptabilité occulte et des gestions extraréglementaires. Législation, réglementation, procédure et jurisprudence, par Victor DE SWARTE, trésorier-payeur général des Ardennes. Beau volume in-8°, de 636 pages, broché . . . . 12 fr.

Traité des contributions directes, par Casimir FOURNIER, ancien conseiller d'État, sénateur. 2e édition, mise au courant de la législation et de la jurisprudence, par Charles DAVELUY, administrateur des contributions directes. 1 vol. in-12 de 496 pages, 5 fr. — Relié en percaline, 6 fr.

Traité pratique du budget départemental. Compte départemental. Budget de report. Budget rectificatif. Budget primitif. Budget de l'instruction publique, par A. M. FILIPPINI, préfet de la Manche. 1885. Grand in-8°, broché. . . . . 4 fr.

Situation financière des communes de France et de l'Algérie en 1886, présentée par M. BRIOUDD, directeur de l'administration départementale et communale, à M le Ministre de l'intérieur. Neuvième publication. 1885. 1 fort vol. grand in-8°, broché . . . . 5 fr.

L'Impôt sur l'alcool dans les principaux pays, par René STOURM, ancien administrateur des contributions indirectes, professeur à l'École libre des sciences politiques. Un volume in-12, broché . . . . . 3 fr.

Le Travail en France. Monographies professionnelles, par M. BARBERET, chef de bureau des Sociétés professionnelles au Ministère de l'intérieur. Volumes grand in-8° d'environ 500 pages, broché . . . . . . 7 fr. 50
En vente : Tome I : *Introduction. — Apprêteurs d'étoffes à Boulangers.*
Tome II : *Boutonniers à Céramistes.*
Ouvrage honoré d'une souscription de MM. les Ministres de l'intérieur, de l'instr. publique et de la Préfecture de la Seine.